모아드림 기획시선 106

풍경에 손목 이끌려 가다

박복금 시집

어디서 와서 어디로 가는가
중첩된 산 너머 산사
풍성한 믿음 끝없을 듯하다
일상의 무거움과 가벼움 참을 수 있다면
聖과 俗 둘이 아님 알리는
不二門 지나
고뇌 씻어주는 능파교 건너는 길
피안으로 가는 길목이다
섬 바라며 우뚝 서 천천히 움직이는 울돌
시작도 끝도 없는 번뇌의 길이다

모아드림

풍경에 손목 이끌려 가다

모아드림 기획시선 106

풍경에 손목 이끌려 가다

박복금 시집

모아드림

■ 自詩

가던 길 멈추고
풍경에 손목 이끌려
思惟를 만나다
길 위에서

그림자 슬쩍
허무의 방
노크하다
다시
집짓기를
시도하다

2007년 여름 강릉에서
林河 박복금

제1부 어느 날인가

제2부 다시, 길 위에서 나를 찾다

제3부 가던 길 멈추고, 고요 속으로 침잠하다

제4부 그냥 바라만 보세요

제1부
어느 날인가

강물은 너그럽다

살 속 파고드는 봄바람
초록빛깔 말아들고
찰랑이는 강물•물끄러미 내려다보다가
흙 밀어 올리는 풀잎의 재잘거림
얄미운 풍경으로 유혹하다
낭만적 몽상에 흥 돋우는 물결
추억 하나 강가로 유인할 때
사월초파일 밤
강 어구 매달린 燈籠 수천 개
보름달 뜬 듯 황홀하다
소망으로 싹터서
자비로 끝나는 수행
강변길은
옅은 미소로 가득하다

부딪치고, 깨지고, 상처받아
곡선 그리며 멀리 떠내려가는 조급증
강물은 말이 없다

이른 봄
늦은 여름 쏜살같이 지나고
강가로 밀어낸 낙엽 구르는 소리
찰나를 기록하는 순간마다
산사는 아름답고
강물은 너그럽다

봄산에서 신들린 바람 만나다

시린 계절 딛고
저절로 자라나
존재하는 바람 경적 울리며
햇살 한 촉 물고 내려와
산야를 공유한다
생성과 소멸의 순환
낯설게 머리 내밀어
초록 잎새 유혹하기 충분하다
여러 겹 긴 능선 너머
울음 토해 내는 소리
거대한 침묵 겁탈하고 헛손질 해
마음 외로운 만큼
푹푹 져며내는 가슴 떼어가고
움트는 새싹 비틀다
푸른 손짓 떠받치며
봄 치장 한창이다

산 그림자 비켜 앉이

타오르는 꽃잎 기다리다
어둠 속 아득히 걸어가는
풍경 한 장

떠나라, 길 잃은 만큼

외로움에 비집고 들어온 햇살
어두운 계단 굴러
비상구를 향해 출렁 내려앉는다
푸하하 웃음 터뜨리고
나도 웃고
너도 따라 웃고
또 다른 누군가가 웃고
우린 꿈을 짓고 있다

끝나지 않은 겨울 풍경
봄기운에 밀려
지나온 길 돌아보고
가야할 길 응시하며
이별 선언하고

시간의 굴레 벗어나
서둘러 갈 길 재촉하지 않는
방전된 마음

포복하다 찢겨진
햇살 아래 회유한다

길

겨울 터널 지나
곱게 접혀진 산야
멍든 가슴 털어내고
길 아닌 길 따라
길을 나선다
능선마다
햇살 딛고 간 자리
연둣빛 비명소리
바람 일으켜
부시시
잠을 깨운다
봄바람 달리는 소리
산길 열리고
뒤따라온 햇살 한 줌
들길 알리고
담 너머 기웃거리는 영춘화
봄 마중 나온다

물빛 소리

산여울
작은 도랑물
흘러내리는 나직한 물소리
고요 속 맑은 빛 숨어 있다
네 목소리
내 목소리 소리 없이
삶의 여울목까지

한 번도 가본 적 없는
그 길
천년의
울부짖는 소리로 길 떠난다

비켜설 수 없는
강줄기 따라서

조약돌

해마다 이맘때면
소금강 줄기 따라
봄 햇살 떠밀고 나온 실핏줄 있다
골짜기마다
잿빛안개 굴러가다가
강물 위
흘러가는 구름 그림자 출렁거리다가
청태 낀 바위 위에 편히 누워
속살 드러내다가
여울의 인기척 삼켜 버리다

비린 듯 윤기나는 내음 묻어둔
풍경화로 머물다가
피곤 씻는
천년의 침묵
바시시 웃고 있다가
소금강 연곡천
탐욕스런 눈빛 흘리다
환한 물빛 차디차다

어느 날인가

어느 날인가
어둠 등에 지고 산행할 때
그 속에서 환한 빛이 솟아난다는 것을,
태백산 능선마다 철쭉꽃길 열리면
어둠 내몰고
슬픔 한 자락 잡을 필요 없다는 것을 안다
초록바람 사이로
혈관 속 고통 떨치고 일어서는
따스따스한 빛은
아침햇살에 진분홍 물감
톡톡, 퉁긴다

시 으
련 선 로
은 발 줄
새 출 긋
로운 고

어느 날인가
슬픔 저물고 있을 때
잠복해 있던 기쁨
숲속에서 날아와 안긴다는 것도 안다
텅 빈 마음 내려놓고
잠시 사라지는 환상 사이로
익숙한 풀꽃향기 다가와
그녀를 흠뻑 적신다
빈손이 허공 휘잡고
강한 듯 하면서
아주 약하게
바람은 희망 훌쩍 키우고 있다

풍경

밀려오고 밀려가는
부서지는 생의 저항소리
강릉역 광장 앞
어둠 절인 시계추에 매달려 방황한다
침묵은 여윈 그림자로
시내버스 몸을 싣고
세상 모두
유명상표로 회칠하며
우직하게 燈을 키고 있다

털~커덕 소음 소리에
함지박마다 핏기 없는 희망
쭈그리고 앉아
세상 비질하고
눈 비비며 하차하는
사라져 가는
아낙네의 뒷모습
오늘도 헤진 세월 꿰매며
하루를 추스를 수 있을까

어촌 마을에서 희망을 묻는다

한때
작은 驛舍 덩그러니 서 있던 해변가
폐광촌 마을 새벽은
절망에서 길어 올린 희망 하나
싱싱한 생명력 뿜어내고
바다는 매순간
낯선 손님을 맞이한다

세상 雜事 고삐 풀고
찢어진 언어
뚝 떼 내어
갈증 해소하고
해풍에 등 시려 고개 돌린
윤기 잃은 해송 한 그루
환상 속 신드롬에
허탈한 마음 풀어 놓아
허전하다

철길 옆 뿌연 산안개
어디론가 떠날 길손 세월 헤며
광기 부리고
새벽길 조용히 접어둔
정동진 해장국집
풍경 정겹다

잠자는 간이역

두려움 끝에
비집고 들어선 적막
기억 저편 눈물 젖은 시간뿐이다
떠나고 싶어도 떠날 수 없는
머무르고 싶어도 머무를 수 없는
루사가 뿌리고 간 흔적
흐르는 물소리에 숨 거둔다

채워도 채워지지 않는
울적한 마음
바람 부는 풍경 속에
잠시 멈추어 두고
출렁다리 끊겨진 저 길
어디로 가는 길인가

주렁주렁 초록빛 속살 드리운
빈 들녘 위에
발자국만 추억으로 남겨 두고 떠나온
쓸쓸한 봉화 승부역

광활함이여

청색빛 출렁이는
출렁이는 파도
파도 너머
근엄한 표정
강한 유혹이다
파도가
날 부르고
바람이
나를 부르고
살아 숨 쉬는 바람
지평선을 핥고
바다는
어둠 불러 모아
어둠에 취해 고이 잠든다

이럴 줄 알았으면

현수막 걸려 있는
경포해변 백사장 위
간밤에
짙게 내린
운무가 세뇌 당해
슬프게
아주 슬프게
파도에 젖은 날개로
홀로 버티고 서 있다

사방은 푸른 바다
이곳 환희의 인파
젖은 어깨
그을린 얼굴 일으키며
몽롱한 어둠 단숨에 삼켜버리고

바람이 운다
여리게 운무가 매달린
수평선을 내달리며 운다. 바람이

소낙비 비집고 걸어가다

여름 한가운데 선
나무마다 우거진 미소
아주 빠르게
빗장 열어 질주하고

젖지 않고 가는 여름 어디 있으랴마는
낮게 아주 낮게
흔들리는 소리
허공 찔러 유린당한다

소음과 속도
연곡천 휘젓는 물살 위
그물코에 걸렸다
여름 정복하다 그만
태풍 매미의 시선 분해한다
폭풍과 함께

산산

강문 포구
파도는
파도성 불러 모아
포말 이루고
파도소리는
포말 부둥켜안은 채
파도를 부른다

무겁게 내려앉은 허망한 바람 발효 중,
초속 40km 풍속 불러
거센 바람
집채만 한 파도 삼켜버린 방파제
유혹 뿌리치며 몸살 앓고

산산
산더미 같은 파도 이글거리는
백사장 위
청색 비닐파이프

끈질긴 생명 핥으며
해수 퍼 올리다 졸고 있다
산산이 부서지는
파도에 놀라 깨어난 바람,
질척이는 땅위를 걸어
횟집 창가 서성이고
구경나온 산꽃 같은 관광객
어느새 친구처럼
산
산과 마음 나누고 허허롭게 발길 돌린다

* 산산(SHAN-SHAN) : 2006년 9월 17일 영남 · 동해안에 북상한 태풍의 이름.

1월, 아직은 이별할 때가 아니다

향기는 없지만
품위를 지키고 선 고목 아래
얼어붙은 침묵
투신하고 있다
이 겨울 눈밭에서

힘겹게 건너고 있는
건너가고 있는
시름 잊을 일
겨울 향기에 취하다
눈꽃 축제에서

마음 무거운 날
인생이 다 그런 것이리라
용평에 가 보면 안다
장엄한 얼음조각
아무 일 없었다는 듯
눈 감은 채

묵언이다
뒤돌아보지 않는 시간 흘리며
눈발은 쌓이고

겨울, 헌화로에서

구름 위 탈출한
바람소리
오존층과 대결이다
더할 것도
뺄 것도 없는
화두 톡톡 던지는

살랑대는 파도 음계
한 옥타브
한계를 무너뜨렸다
오물 한 줌 움켜지고
백사장 위 엎드렸다

규제와 금지 팻말
포말로 엮어
밀려왔다 밀려 간 시퍼런 해안선
묶계다
철조망 사이로

뜨겁던 여름 풍경
현기증나는 이탈이다

제2부
다시, 길 위에서 나를 찾다

멈추지 않는 사랑

천둥 번개
휘몰아치는 불안 엄습해 와도
사랑하는 이를 위하여
온몸으로 마음 아파 본 사람만이
기다릴 줄도
견디어 낼 줄도 안다

사람이 사람의 마음을
안다는 것
마음 비우고 울어 본 사람만이
사랑할 줄도
사랑을 아낌없이
내어주는 방법도 안다

고통 밀려온 날
높지도 낮지도 않은 사랑은
고요 속에
아름다운 세상을
바라볼 줄도 안다

인연

시시각각 억만 겁의 만남
생명의 계절이다
언제나 그러하듯
만남의 희열 놀랍다

잠시 스쳐간 해맑은 영혼
당신은 내 곁에
내 곁에 당신
살포시 기쁨 열었다
불혹의 나이
평화 담겨져 있다

말할까 말까

허물까지 주고받은 자리
꿈 하나 출렁거려
등댓불 밝히리라
울타리가 되리다

그리운 사람 만나고 가는 바람같이

노을 틈으로
그리운 사람
만나러 가는 길
어둠 만나고 가는 길가에서
외로움을 만났다
반가운 사람
만나러 가는 길에
휘날리는 바람 만나
바람의 혼을 만났다
정겨운 사람
만나러 가는 길에
넘치지도
모자라지도 않는 사랑을 만났다
애절한 그리움보다는
외로움 덧칠해 가며
정겨운 사랑 한줌 가슴에 묻었다
길가 뒹구는 낙엽
줄곧 지켜보더니

슬그머니 꼬리 감추며
멋쩍게 웃고 있다

시를 쓴다는 것은

한밤중에
문득
詩想 떠올라
조용히 아주 조용히
까치 발걸음 딛고
서재로 간다
일순간 마음 활짝 펼쳐 놓고

아침에 만난
그 모양새
검은 사색의 빛깔로
주변 낯설게 하고
단절의 빈자리
투쟁이다
혹독한 노동의 대가이다

한 줄
시의 流産은

고통
또 다른
평화이다

그대는 누구

虛와 實 내려앉은 밤
침묵의 입자들이
횡단한다

여린 숨결 뿌리내리는
당신 몸짓은
황홀한 새벽
안개 호위 받아
상상의 문 열어
젖은 마음 손질하고

긴장과 대립 춤추는
무대 위에서
구르고 찢기고
손끝에 채이던 느낌
느낌!
한 점 찍었다

잃어버린 탄성

구름처럼 몰려드는 정보망 뚫고
회상해 낼 것도 없는
기억력
단단한 뜬소문 입력하다

저장 실패
삭제되다
등줄기 타고
달아오르는 열기 삭막하다

습득한 새로운 지식
인출
너무 빠른 시간
하얀 박꽃 피다
인지기능 감퇴
건망증

당신의 기억력은 안녕하십니까

비움

노을
등
밀어

하늘에
젖어

황혼 길

소멸과
無

하늘 아래 첫 동네

아무리 껴안아도
멈추지 않는 어둠
앞장 선 바람과 함께 침묵이다
희뿌연 세월 굴리다가
방황하다가
그 길을 다시
돌아
고요와 함께
오대산 계곡으로 끼어들었다

연둣빛 숨 고르는
하늘 아래 첫 동네
부연마을 들어서다

그곳엔
백년 묵은 고로쇠 수액
흩트려 놓고
열기 내뿜는 황토방 아래

허기진 마음 일으켜 세운다
탐욕의 물기 마를 때까지
잠들 수 없는 어둠
날개 파닥거리며 날아다니고
허무를 털어내는 순간마다
이른 새벽 사랑을 씻고 있다

어느 문상 집에서

허허로운 빈 들
캄캄한 등불 하나 서 있는

때로는
이름 모를 문상객 지나간 자리
허전한 슬픔 풀어놓고
휘갈겨 쓴
방명록 울고 있다

상주 머리카락
이리저리 흩어진 풍경
형광등 불빛 아래 조등 힘껏 달고

生의 절정 지나
死의 길목에서
반란의 흔적 묵상하고 돌아서는 길
하얀 벽면 위에
얼음 한 조각 덮친다

어두운 시선
뭉클 튕겨 나온 적막

투기꾼의 일기

당당한 어깨들이 아침 햇살 끼고
거미줄을 친다
강남에서 분당을 돌아
판교 골목골목마다 붉은 만장 나부끼고
잽싸게 소문 흘린 불모지
바람은
수십 만 인파를 몰고 간다
너털웃음 흘리고
허기진 어둠 몰아내고
선언한다
한편에선 붉은 띠 두르고
구호 외치고
다른 한쪽에서는 기적 예언하는
재개발 · 택지분양 · 청약부금 붐
놀아나고 있다 발굽소리 요란하다
한 점 어둠
紙面 위를 뒹굴고 있다

추억 만들기 청계천

꿈 조각 줍던
서울 심장부 멍들었다

내 유년시절 깨어 춤추던 곳
이 년 삼 개월 공사 첫 삽 뜨던 날
'경축 청계천 복원공사'
애드벌룬 소우주 가득 담고
기공식 알리는 불꽃잔치 하늘 높이 치솟았다지
뿌리를 거슬러 올라가면
시대의 짙은 음영 깔려 있는
사람도 공사장 풍경도 사연을 품고 산다는
그 옛날 청계천 모습 또렷이 하늘 위에 누워있다지
피복노조 우울한 풍경
회색빛 콘크리트 그늘 걷어내고
근대화 상징 청계고가도로는
역사 속으로 사라졌다지
천 년 미래 기약하며 새 생명 시작 되던 그날
한국노총

철도노조 시민의 발 몽땅 묶었다지
마음 들끓다가도
속 좁은 가슴 두근거리다가도
이십칠 년 만에 사라지는 청계고가여, 안녕!
추억 한 아름 안고 영원히
大役事 시작되는 순간
내 어린 추억 한 아름 안고 떠났다지
청계천 복원공사 현장이여
무사고로 길이길이 기록하시지요
청계고가 밑 둥지 짓고 빽빽하게 앉아 있던 비둘기 어
디로...
이천오 년 맑은 물 흐르고
서울의 푸른 혈관 살아 숨 쉬는 청계천
오늘 땅에 두 발 단단히 딛고 서
다시 용기 내어 새 일 시작했다지

달빛이 좋아서

은은한 달빛 아래
몸 사르는
영혼의 소리가 있다
기쁨과 슬픔
길 위의 삶
가슴 저민다
코믹스런 동물의 세계

꽃망울 터지는 소리
굽은 등걸 마음 하나
놓았다
들었다
빛이 터졌다

끝내 놓지도
말하지도 못한
흔들리지 않는 여운
어디 있으랴마는

찰랑되는
몰입의 즐거움

'캣츠'
어깨 툭툭 털며
흥겨움의 느낌표 찍다

* 캣츠 : 영국의 시인 T. S. 엘리엇이 1939년 출간한 우화 시집 『노련한 고양이에 관한 늙은 주머니쥐의 책』을 바탕으로 〈오페라의 유령〉, 〈에비타〉 등을 작곡한 세계적인 뮤지컬 작곡가 앤드류 로이드 웨버가 작품화한 뮤지컬.

오페라의 유령

불타는 열정
섬 되어 외로워라
그리운 시선
陰影으로 남아
저만큼
졸고 있다 매달려 있다
사랑이
사랑을 업고
날아올라
거부할 수 없는 비극적 운명
날개 달았다, 가면 속에

벼랑 끝 서투른 고독
눅눅한 어둠 베어 물고
전설처럼 손 내민 매혹적인 선율
부동자세이다
그리움 살며시 소매 붙들었다

불 꺼진 객석
침묵은 혈관 타고
조용히 흐르고

* 오페라의 유령(The Phantom of The Opera) : 프랑스 작가 가스통 르루의 소설 『오페라의 유령』을 세계적인 뮤지컬 작곡가 앤드류 로이드 웨버가 작품화한 뮤지컬.

영혼의 쉼터에서

부산스러운 주변 뒤로하고
작열하는 햇살 아래
조금씩 선명해지는 오문장 글귀 잔상들이
마음 휩쓸고 있다
모두 낯선 생명의 의상 걸치고 다시 태어나
이기지 못할 세월의 힘 겨루며
생가 뜨락 한 송이 꽃으로 피어났다
홀로 달려온 소박한 향기는
설움으로 불사르고
끊어질 듯 이어온 그리움
다시 귀향하여 바람을 달래가며 노를 젓는다
그리도 해맑은 날에
그대는 서운한 마음으로 떠나겠지만
떠나가겠지만
또 다른 그리움의 발현이리라
공허한 솔숲에 불 지피고
그저 이유 없이 그대를 기다리며
사라진 시간 펴 올린다

우리 모두
새로운 시작 속에서
다른 누군가를 그리워하며 살아가기에

초당골 哀歌

부서지는 파도소리에
밀려오고
떠밀려 가는 님의 모습
그대 사랑하다가
사랑할 수 없는 슬픔 가로질러
흩어진 영혼 부른다
혼신 사르던 기나긴 밤
마른 바람 불어
부연꽃 닮은 향기 덩그러니 남아
이슬 씻는 아침 햇살
그대 발자취 영롱하다

보일 듯 보이지 않는 영혼
들릴 듯 들리지 않는 연가
잡힐 듯 잡히지 않는 시심
울음 우는 듯

밝은 촉수 밝혀

찢어진 하늘 사이로
무거운 그림자 끌고 가는
빛바랜 난설헌집
초당골에 繡 놓는다
사랑하다가
기다리다가 그대 그림자 눈에 밟혀
장승처럼 서 있는 설움 하나
사치스럽게 휘날린다

언 날개 펴고
슬픈 피에로의 모습이다
솟대처럼 꿋꿋이 일어나는
초당골 여인이여

시간을 잠재우는 그대여
— 허난설헌 생가터에서

시간의 수레바퀴에 밀려
찰랑대는 속삭임이기도 하고
가끔은 가냘픈 목소리로
속삭이는 그대와
오랜 세월 걷고도 싶고
꿈꾸고도 싶습니다
어둠 조용히 걷어들고
에메랄드빛 바닷물에
귀를 적시고
수평선 위로
그대 마음 어느새 내게로 안깁니다
침묵의 눈빛으로
가던 길 멈추고
바쁘게 달려간 삶의 흔적
리듬타고 여기
그대를 느껴보는 시간
빠름보다는 느림을
그보다도 이대로 멈추고 싶습니다

바람 불어오면
살랑살랑 초당골 낙엽 따라 길 떠납니다. 그대는
말이 없습니다
웃음도 없습니다
잠시 숨 고르고
새로운 마음으로 갈 길 재촉하는
그대를 다시 만나고 싶습니다

길이 막혀

모든 것을 잊는다 해도
통일이 되요
곧 가요
심장을 꺼내어 놓고 살아 온
침묵과 회한의 세월
무슨 말을 먼저 할까
무슨 말을 어떻게 할까
그리워하는 슬픔 철조망 뚫고 샘을 팠다
꿈틀거린 소 떼 몰고
밤을 새워 문을 지켰다
봄 하늘 어머니의 등을 달구었다

반세기 끝없는 도전
저린 가슴 움켜지고 걸어 온 통증이다
기다리지 않아도
그리워하지 않아도 무너진 세월 아름답다
길이 열렸다
달빛도 없는

불빛마저 없는
동해바다에 길이 열렸다
파도가 출렁이며 솟구쳐 올랐다

거미집 짓고 있는 실향민 터전에
가 보았는가
대지의 온기가 후끈 달아올랐다
경사가 났다

북녘 하늘 열리던 날

두 조각 갈라진 땅
고통의 산야는
벌떡 일어날 것 같은
불덩이의 경련으로
그리움 하나 더듬이로 방향 잡는다
같은 혈육 우린 모두
남이 아닌 한 민족
시공 넘나든 끈질긴 사연 침묵 허물어
동방의 요람
가슴 두드리는 소리
금강산 뱃길 열렸다
통일의 지름길 기지개 켤
닫혀진 민족 혈관 뚫리던 날
속박의 굴레 탈출한
무한대 희망
푸르른 함성 서려 있다
숨통 트이는
수만 볼트 전열은

온 세상 탈색 시켜
강한 전류 방방곡곡 흐르고

바보상자

들립니까
시리도록 밝은 보름달 뜰 때
검은 문 열린 열선에서
북풍 바람 속을 달리는 해군 함정
LST 여정의 실화가 들립니까
눈물 나는 세월 지나고
그리움은 바람만 남기고 떠나
가신 이를 가슴에 품고 있소
험준한 물결 따라 남한, 거제도 수용소
슬픈 사람들끼리
통일이 되면 고향으로 돌아간다는
함경도 사람들의 향수는
하늘나라로 승천했소
만남의 광장 금강산 어귀에는
헐벗은 밤을 지키는 달이 뜨고
화려한 등불 밝혀져도
다시 만나면 알아보지 못할
슬픈 얼굴 험한 땅에서 비틀거리오

웃음으로
슬픔으로
헤어져야 마음 편할 사람들
한 많은 청춘 갈잎처럼 날려 보내고
불타는 마음 닫힌 회로에서
절망의 탄식 소리로 떨고 있소
보시오

들립니까

* LST : 1950년 12월 함경남도 원산항에서 실향민을 태우고 부산 거제도에 입항한 미군 해군 함정.

매듭 없는 슬픈 사랑

해풍 걷어 안고
등 푸른 바다 봇물 터졌다
빈 새벽 건져 올린
수평선 너머
소망
조용히 눕혀 놓은
동해바다 巫女 신명나는 춤사위
넋 잃고 보다가
시름 끊고 날아가는 포근한 빛깔 보다가
여윈 바람
만물상에 가부좌 틀고 있다

헤어질 여력도 없이
슬픔 겹겹이 껴입고
잊혀진 기억 하나 들고

가슴 뚫고 지천으로 펴 올리는 불빛 외로운
만남의 향연장으로

가자, 만나자

제3부

가던 길 멈추고, 고요 속으로 침잠하다

유혹의 산

밧줄 던진
도발적인 유혹
絕奉으로 가다
영혼 키운 산
말이 없다
고개 내민
묵직한 욕심 추락이다
끝없는 도전
대 · 청 · 봉

끝에서 끝까지
— 금강산 上八潭

억겁의 장구한 세월
　비.
　　눈.
　　　낙엽처럼
사무친 외로움이다

　낮았다.
　　높았다.
　　　멀리
덥석 안겨
향기로운 들꽃
선연이다

천길 푸른 비단 드리운
맵시
영원한 침묵
떠나자
文 · 武를 갖춘 산으로

길 떠나자

눈물.
　미소.
뚝 떨어진
영혼의 전당
바람 소리 날리는 곳
달려가자

계곡마다 번지는
저 불길
향불 지폈다

* 선연(仙緣) : 신선과의 인연.

자연예찬
— 금강산 萬物像

어둠 뚫고
밝아오는 산을 보아라
가던 길 멈추고
가만히 숨 고르며
위선 비워내는
겸손한 산을 보아라

해 뜨는 아침
산 빛을 보아라
불그스레 홍조 띤 안개구름 마주하며
고요 속에 산을 보아라
가끔 침묵의 산 빛을 보아라

불러 올 수도
물을 수도
번민도 내려놓는
자연을,
그리고 마음을

반은 버리고
반은 채우는
산 빛을 보아라
미련 없이 떠나는 매혹적인 노을
세월을 잊고, 세상도 잊고
붉은 카펫 깔았다

붉은 카펫을 흠뻑 깔았다

바라밀 앞에서

우주의 섭리 따라 움직이는
아름다운 여정

어디서 와서 어디로 가는가
중첩된 산 너머 산사
풍성한 믿음 끝없을 듯하다
일상의 무거움과 가벼움 참을 수 있다면
聖과 俗 둘이 아님 알리는
不二門 지나
고뇌 씻어주는 능파교 건너는 길
피안으로 가는 길목이다
십 바라밀 우뚝 서 천천히 움직이는 율동
시작도 끝도 없는 번뇌의 길이다
치열한 삶 이고 지고
마음 들끓다가
부처님 진신치아사리 친견하는 순간
세속 멍에 뭉클 경련 일으킨다. 노을 등지고
피 흘리는 어두운 심연

세상 무게 털어 비우고
반가움 배가되는 일상이다
무뎌진 마음 성찰하고
메마른 마음 무던히 물리쳤다

견딜 만한 고통
밀어 내고

* 건봉사 : 강원도 고성군 거진면 냉천리 건봉산에 위치한 사찰.
* 바라밀 : 이승의 번뇌를 해탈하여 열반의 세계에 도달하는 수행의 단계를 의미한다. 육 바라밀은 보시, 지계, 인욕, 정진, 선정, 지혜, 십 바라밀은 육 바라밀에다 方便, 願, 力, 智를 추가한 것이다.

생명의 소리

한여름
역사의 발자취 켜켜이 묻어나는
당간지주 앞에
풀 한 포기 예사롭게 보이지 않는
철철 넘치는 풀꽃향기
내일 향해 지천으로 하품하고 있다
아름다운 精髓 닦아온 사찰 안 풍경
고통의 터널 지나
해맑은 미소 밀물처럼 번져 나온다
챙겨주지 않는 세월 걷어들고
전통 건축미 뽐내는
국보 제18호 무량수전 그 당당하고 장엄한 자태
평화롭다
아주 슬프지도
아주 기쁘지도 않는 일상 접어들고
떠난 자리
깨달음의 극치이다
낮은 곳에서 더 낮은 곳 찾는 안양루 전경

극락으로 가는 길이다
거대한 산이 보인다

* 부석사 : 경북 영주시 부석면 북지 1리에 있는 사찰. 신라 문무왕 16년 (676년) 해동 화엄사의 종조인 의상대사가 왕명으로 창간하였다.

紙佛像 앞에서

물안개로 산문 여는 봉화군 청정도량 청량사 입구에서
발걸음 잠시 머물게 하는 풍경 장관이다
천년의 바람소리와 물안개 무리
청산을 돌아
스멀스멀 아주 천천히
청량산 계곡 점령하다가
낙동강 강가 도도히 거닐다
무소유로 바삐 행진하다가
어느새 촉촉이 옷깃 여미는 안개 무리
가슴 적시운다
금탑봉 바라보며 산길 오르는 나그네 반겨주는 법당
입구
하얀 고무신 마음 푸근하고
琉璃寶殿 지붕상 침묵 소리
중생구원
아름다운 마음 채색 한다
메마른 감각 헤집고 들어선 자리

그저 그런 기도를
아무런 이유도 없는 합장을
마음 비우고 내려오는 길
옷자락 가볍다

욕망 모두 가두어 버린
안심당 풍경
천년 고찰의 넉넉한 공간이다
바람 소리 만나면
큰 풍경 보이지 않을까

* 청량사 : 경북 봉화군 명호면 북곡리 청량산 도립공원 내에 자리한 청량사는 신라 문무왕(663년)에 원효대사가 세운 사찰이다.

통도사

하루해 접기 전
세상 허물 참회하는 마음으로
닿을 수 없는 고요 속으로
침잠하다
산세 밀려서
욕심에 떠 밀려서 사찰 찾아 나서다
고통도, 성냄도, 어리석음도 物我一體

비로자나불 모신 대광명전
석가불 모신 영산전 거쳐
성보박물관에서 佛世界를 만나다

사방으로 펼쳐진 문살과 창살 틈으로
비집고 들어 온 햇살 속
변화무쌍한 번뇌와 가슴 남겨 두고
'소유가 아닌 것 집착하지 말라' 는
기도소리 여운 남기다
법당 뜨락 아름다운 백일홍

지그시 웃으며
내 뜻 알아차리고
순응하라
순응하라 반긴다

* 통도사 : 경남 양산시 하북면 지산리 해발 1,050m의 빼어난 산세를 자랑하는 영축산에 위치하고 있다. 『삼국유사』 등의 기록으로 미루어 볼 때 신라 선덕여왕 때 자장율사에 의해 창건된 것으로 국내 삼보사찰 중 하나이다.

문경새재

곡절 깊은 새재 솔숲에서
겨울바람
허물어지는 소리 여리게 들리고

흰 무명옷
수천 년 갈아입은 전설 서려 있는
조령계곡 설화
하늘 적시며 크게 헛기침 한다
민요, 새재 아리랑 흐르고
의병의 史譚
숨어 너털웃음 짓고 있는
主屹山 기상 살린 우호신
피 흘려
우람한 별 하나 뜨고 있다

밤이면 밤마다
세상과 소통하는
선비의 혼백 출렁이는 곳

이 고개 넘을 때마다
여기가 어디냐고 서럽게 묻는
선비의 눈과 가슴 널려있어
빛이
빛을 잃어 버리고
소리가
소리를 잃어버린 역사
귓전을 맴돌고 있다

팔공산 갓바위 부처

봉황이 날개 편 듯
웅장한 산새
산자락마다 불교 요람지다
대구 팔공산 찾아
낯선
아집 벗기려
절대 변명 아닌 변명 쥐고
고요 불러 침묵하다
입시철마다
'소원 비는 기도처' 라
보이지 않는
청 하나 들고

적막한 바위
그대 계신 쪽 시선 돌려
그 소리 빛나지 않아
들었다 놓았다
엇갈리는 잡념 수십 가지

얼룩진 풍경 들고
하산하라 하산하거라
장대비는 내리고
마음은
망명 중……

* 갓바위 부처 : 대구 팔공산 동단에 위치한 갓바위 부처(보물 제431호)는 높이 5.6m로 신라 선덕여왕 때 의현대사가 돌아가신 어머니를 위하여 조성했다고 전한다.

孤雲의 숨결

가야의 숨결
숲 속에 널려 있어
육두품
곧은 기상
눈부시다

한 시대 감싸 안고
儒 · 佛 · 禪 사상
해인사 너른 뜰에
걸려 있어
신라의
정신들이 행진 한다
화랑도
풍류도
톡톡, 화두 던져

孤雲 최치원
널브러진 산자락마다

낯선 기운 넘쳐
또 다른 전설 잉태하고 있을까
여름 햇살
벌거숭이로 내려와 앉아 있다

* 해인사 : 경남 합천군 가야면 치인리에 위치한 우리나라 3대 사찰의 하나이다. 신라 애장왕 3년(802년)에 순응 · 이정 두 스님이 창건하였다.

능가산 내소사

전나무 숲 도열한
우거진 터널 지나
대웅보전 꽃문살
앙상한 뼈마디로
세월 엮었다
있는 것과
사는 것
사는 것도 아니고
있는 것도 아닌 세상
지상 탈출한
빛바랜 아집
천년의 변산반도 흔들었다
깊숙이 타오르는 석양 한 줌
꽃심지 낮추고
발광이다

* 능가산 내소사: 전라북도 부안군 진서면 석포리 위치.

고인돌 왕국

봄 기운 꿈틀거리는
높고 넓은 땅이라 불러주는 고창군
아산면에 가면
황토빛 머금고 피어난
보리밭 지천으로 인사하고
태초의 역사 간직한 고인돌
예민하게 반기는 순간
청동기 문화 대지를 활짝 열고 있다
끝없이 펼쳐진 구릉지
사이로
역사를 들추다 보니
민초들의 아우성
눈물 흔적 출렁되고
변혁의 시대 살다간
녹두장군 전봉준 영웅적 삶
동학혁명 氣 물씬 들판에 서 있다

아아! 어찌하여

저 들판에서
혁명군의 횃불과 분노
들끓는 고뇌가 울고 있는가
남도 봄기운 출렁이는 곳
날개 찢긴 바람은
네 등줄기에서 왜 졸고 있는가

* 아산면 죽림리 · 상갑리 · 매산리 일대 : 유네스코가 지정하는 세계문화유산에 등록된 고인돌 집단지이다. 단일지역으로 1,500여 기가 분포되어 있어 한반도에서 가장 많은 수자의 고인돌이 있는 곳이다.

변산반도

바람은 제가 불고 싶은 대로 분다
바닷바람이 속력을 내며 울먹인다
스산한 겨울바람 서럽게 불어오던 날
그 소리 듣고도
어디서 불어와서
어디로
가는지도 모른다
생각이
생각에 잠겨
끝없는 생각에 떠밀려서
그저 그렇게 살아왔다

세파의 시달림 떨쳐 버린
채석강 저녁 놀 사그라지고
꿈꾸는 파도소리 품고 있는
횟집 창가에
아름다운 추억은
무죄란다

울 테니까 꺾지 마세요

기쁨 하나
초롱초롱하게 키워가며
동백꽃 만나러
백제 고찰 선운사에 갔지요
몸과 마음 담그고 한 줄기 빛 보려고요

저기 좀 보세요
붉은 선홍빛 토해 놓은 저 꽃
다가가고 싶고
그 향기에 취하고 싶어서, 또
꺾어 보고도 싶었지요
일렁이는 바람에 뒤척이는 붉은 향기
울까 두려워
만져만 보았지요

선운사 뒤뜰에
바람이라도 불면 붉은 울음소리
소리 소문도 없이

산등성이로 발갛게 물들이며 산책을 떠난다지요
잠시 그늘에 앉아 숨 고르기도 한다지요
선홍빛 바람 호위 받아
도솔암 미륵불
미소 짓는 곳으로 가고 있다지요

* 선운사 : 전북 고창군 도솔산(선운산)에 위치한 사찰로 천연기념물 제 184호로 지정된 동백꽃 군락지.

공룡화석지

익숙한 풍경 풀어내는
해남 우항리 바닷가
아아, 수천 년 전 겨울바다 마음에 깊이 담았다
무리 지어 이동한 흔적 미친 듯 튀어나와
태양 아래 비틀거린다

익룡뼈
익룡발자국
공룡발자국이 지천이다
한 울음 토해 내는 거대한 작품
어느 세월 아득히 묻혀
무수한 기적 길어 올릴까

퇴적층 · 물결화석 · 규화목
숨바꼭질하며 말없이 세월 여과하며
낯선 사람 반기는 눈빛 곧게 서 있고
바람 불 때마다
왜 저것들은 소리가 없는가

바다를 지키고 선 뼈마디마다
천지창조 이야기 하나씩 풀어 놓고
내 나이 소급해 중생대 공유한다

서해바다 노을은 낮게 엎드려
별 등을 활짝 켜놓는다

* 전남대 허민 교수에 의하면 우리나라는 중생대 백악기(1억 3800만 년 전~6300만 년 전) 지층이 대부분이다. 이때에는 한국 · 일본 · 중국이 한 대륙으로 붙어 있었다. 국내 공룡화석 발견지역은 태화강 부근, 경기 시화호 부근, 하동, 화순, 보성, 해남, 여수, 고성, 대구등이다(조선일보. 2002. 8. 22. 9면 참고).

* 퇴적층 : 검은 색의 이암층과 푸른색과 흰색을 띠는 사암층의 해식 절벽.

* 물결화석 : 물결자국 등의 다양한 퇴적구조를 보이는 암석층.

* 규화목 : 백악기시대의 나무가 돌처럼 굳어서 형성된 나무의 화석으로 공룡의 식생활 파악에 도움이 된다.

양산보를 만나다

산을 등지고
소쇄원 계곡마다
은둔하다 저승 간 선비들의 숨결
수목 감싸 안고
바람이 되어
영롱한 물소리 되어
흘러 흘러서 가고
골짜기마다
竹林 우거져 孝賦의 기상 묻어나
호남 사림의 명소에서
道家的 삶 살다간 선비 만나고 오다
광풍각, 제월당 열린 공간 사이로
대숲가지 부딪치는 소리
매롱나무 꽃 피우는 소리
바람으로 일렁이어
선계의 음악소리다
바람의 속삭임이다

마음의 키 훌쩍 키우는
덜하지도
더하지도 않은 설렘
걸어 나올 때
아직도
역사는 아름다운 불씨 지피고 있어
흐물흐물 세상 풍경 살갗으로 스며든다

* 소쇄원(瀟灑園) : 전남 담양군 남면 지곡리 123번지에 소재한 정원이다. 조선시대 사림파 선비의 은둔을 위해 양산보가 지어 놓은 정원 및 정자가 있으며, 그곳에서 정원을 가꾸며 바른 삶을 살던 곳이다.

가슴이 먼저 알고 설렌다

살아서 북적거리는 봄 들녘
그 길 따라 갔더니
세상 밖으로 움터 나오는 작은 향연
봄 풍경에 안긴다
산은 멀리 비켜 앉고

기다림 숙성될 순간
봄 내리는 강가에
꽃멀미 나도록 꽃향기 취할
하동 벚꽃 십리 길 사라져
봄의 맘 꽃의 맘
몸살 앓고
강변 옆구리 끼고 달리는
악양평야 최참판댁
쌍계사 지나
화개장터
세상 부딪치는 소리 요란하다

어둠의 벽 밀고
채찍으로 지나간 歷史
향수와 부대끼며
그저 그렇게 문필봉 · 섬진강과 함께
한 걸음씩 쳐져서
세월 따라 간다
저물어간다

* 악양평야 : 경남 하동군 악양면, 박경리의 소설 『토지』의 무대.

바람과 바다를 만나다

천혜의 아름다움 빚어낸
옛 탐라국 역사
다양한 볼거리
매력적인 향기로 찰랑되는 곳
기암과 沼淵
화산과 분화구
동굴과 초원
오밀조밀
천연미의 절경 이루고 있다

밭고랑 사이마다 쌓아 놓은 돌담에 선
고단한 삶 물씬 묻어나는
섬 한가운데 우뚝 솟은 한라산
더할 것도 뺄 것도 없는
바람과 바다의 만남이다

섬은 풍성한 바다를 품고
넉넉히 살았다지

가진 것 나눌 수 있는
새로운 변신의 시작
독특한 분위기 연출하는
매력적인 도시
매혹적이다

제4부
그냥 바라만 보세요

킬링필드 大학살 현장으로 가다

무자비한 희생자
백칠십여 만 명 처형당하다
급진 좌익 지도자
폴 포트의 잔혹상 전시되다

캄보디아에 가면
공포에 질려
아~ 앗~ 침묵이다
산더미처럼 쌓여 있다 숨진
새하얀 해골, 뼈마디
울음의 여운 간직하다
모두가 낯선
무형의 바람뿐이다 미친 듯이

앞선 세월 살다가
시퍼런 채찍으로 장엄하게 떠난 사람
두렵다 사상과 이념의 갈등
폭력에 대한 고발이다

저항이다
등 떠밀려 간 영혼
불빛 외롭다

앙코르와트

수천 년 묵은 풍경
화석 같은 침묵으로
지붕 덮고
초록행렬 퍼지다

들여다보면
가슴에 등에 두 계절
사이좋게 나란히
아득한 향수로 숨 쉰다

세상
기워가며 사는 법보다
원광에 묻힌
향기 따라 여행하다

인간의 힘은 위대하다
— 앙코르와트의 문화

신비스러운 사원으로 간다

밀림 속 상처의 시간 거슬러
진초록 눈물로 맺혀 떨어졌다. 역사가
유혹을 넘어선 거대한 자태
다가가면 갈수록 돌덩이 비밀 한 꺼풀씩 벗겨낸다
캄보디아 씨엠립에 가면

지그시 눈 감고 미소 짓고 있는
자야바르만 7세의 숨결
숨어 있을지도 모를 자취 두리번거리다가
세월 깎이고 함몰된
삼라만상 관조하는 석제 앙코르 침식하다
압사라 여신조각 힌두교 신화에 이르기까지
음각과 양각 그리고
반각의 만남
보석처럼 박혀 있다

전생 · 현생 · 내생 내달리며
가파른 앙코르와트 엉금엉금 기어올라
그늘 끼고 돌아서면 12세기 고통, 희망 휘감쳐 있다
神을 향한 고행의 길
황홀한 에너지의 분출이다, 아우성이다
걸음마다 살포시 한 시대 울다간 여운
바람으로 일렁이고
무디어진 마음 삭히고 간 춤사위
어지럽게 추방중이다
침묵하라는 일층 미물계 거쳐
이층 인간계 바람은 네비게이션 달고 시엠립 횡보
하고
금빛 화살촉 향한 천상계는 삭아내린 육신 흥분시
킨다
수십 킬로 돌들 햇빛 받아 누렇게 누워
세월 매달고 조잘거리고 있는 곳
왕조가 붕괴된 도시에
바람은 저녁노을 찢으며 천천히 날아간다

* 앙코르 유적지 : 캄보디아 시엠립 북쪽 6㎞에 위치하고 있다. 8~15세기 크메르 제국의 수도였던 곳이다. 앙코르와트와 앙코르톰은 힌두교와 불교 영향을 받은 건축물 수천 개가 있으며, '와트'는 寺院, '톰'은 성곽도시라는 뜻이다. 앙코르와트는 세계 7대 불가사의 중 하나이며 앙코르 왕조의 수리아바르만 2세가 12세기 초 브라만교 주신인 비슈누에게 바치기 위해 37년간에 걸쳐 건립한 사원이다. 가로 1.3㎞, 세로 1.5㎞이며 거대한 해자(垓子, 적의 침입을 막기 위해 성 주변에 판 물길)로 둘러싸여 있다. 앙코르톰은 13세기 초 자야바르만 7세 때 완공된 앙코르 유적지 유일의 불교 건축물이다.

하롱베이

더도 말고
덜도 말고
알긴 알 것 같은
신비의 바다

수천 년 있음직한
겹겹 섬들의 교태
산처럼 덕스러운 형상이다
빛을 여는 섬
극치이다

섬숲 지나
섬과 섬
풍선처럼 떠오르고

바람 얹혀
환하게 뱃길 열린
호수보다 더 잔잔한 바다 풍경

白眉다
자연의 향기 살아 꿈틀거리는
문명의 해독제
하롱베이로

* 하롱베이 : 베트남에 위치한 세계 7대 불가사의. 수많은 섬을 지니고 있는 도시.

그곳에 희망 있었네

정글 속 숨어사는 집념의 꿈
미군 전투병
유혹하기 충분하다
지하 요새 현장
역사적 사실 생생하게 증언하고 있다

마을공동체 힘과 단합
무수히 폭격 퍼부어도
민족해방군 뚝심 침략전쟁 승리로 이끌었다
정치지도자
호
치
민
베트남 혁명의 수호자이다

세월에 주름진 땅굴
달빛 틈타
반란의 렌즈 들이대고

손끝마다 희망 늘어선 인내의 강 건넜다

잊어버린 기억 지펴주는
구찌터널 숲 속
바람만 덩실덩실 춤추고

* 구찌터널 : 호치민(舊사이공)으로부터 서북쪽으로 75㎞ 가량 떨어진 구찌마을에 있다. 이곳은 베트남-미국 전쟁 때 인위적으로 사람이 만든 동굴이다. 총연장 250㎞의 길이와 30m이상의 깊이로 뚫려 있으며, 지하공간은 다시 3층으로 되어 있어 각 층을 연결하는 통로가 있다. 이 동굴을 이용하여 미군들의 습격을 피해 게릴라전을 펼쳐 베트남이 전쟁에 승리한 곳이다.

그랜드 캐년(Grand Cayon)

천만 년 예술의 혼
웅장한 모습으로 드러나고
콜로라도 붉고 험준한 계곡
신의 조각이다
어두운 밤 밀어내는 지면으로
푸른 아침 걷고 있는 산야
안개바람 종종 걸음에 침식하고 있다
잃어버린 시간 되찾아
풍문으로만 듣던
사진으로만 보던
수백, 수천 개가 모인 경치
멈추지 않는 도시 속에
입 벌리고 서 있다

가슴으로 밀고 들어오는 출렁이는 햇살
침묵의 터널 지나
끝이란 끝이 아니다

이제 세월 흘러
인디언 그림자 그 자리에 바위를 얹어
맑은 기운 뿜어내고
역사를 되새김하는 바람은
얼어붙은 마음 추스르며
부질없는 욕망 앞에 무기력한 존재로
인생의 의미 깨닫기 시작한다

서두르지 않고 서서히
바람에 흔들리며
하늘 우러르는 곳
바로 그런 곳에서
사랑의 이야기가 움터 나온다

밀포드 사운드로 가는 길

천혜의 요새에서
시린 안개 차갑게 울고 있다
하늘 · 구름 · 바람 · 만년설
뚜벅뚜벅 걸어 나와 기다리고 있는
만년설 만나고 가는 바람과
잊고 살던 어설픈 시간 만나러 가는
만나고 있는 빛살 물결 만나
내 생애 두터운 단층들이 한쪽으로 쏠리고 있다
그곳에서 만났던 하늘과 바람은
평화와 線으로
다시 낯설게 이마 위를 힘껏 달리고 있다
바람이 내내 흔들리며
옹이 틀고 앉아 사랑을 흔들어 깨운다

퀸즈타운에서 와카티푸 호수, 테아나우를 거쳐 호머
터널 지나
성에 낀 유리창 너머
촘촘히 빛을 헤치고 따라오는 침묵의 소리

가슴 떨리는 방해물 말끔히 치워준다
소나무 숲 소리 내는 그 길섶
바람이 아니라
점점 바람벽이 되어 준 숲
바람의 속도가 더욱 커진다 아~ 아~
고난을 통하지 않고서는
갈 수도 없는
볼 수도 없는
밀포드 사운드 가는 길에 사랑의 광장 펼쳐져 있다
모든 것 귀한 것들인 것을
태고의 아름다움 편히 머물러 앉아 있는 곳
어둠 거치고 새벽이 다시 오는 진리가
숲이 되고 만년설이 되었다
끝날 것 같지 않은 고요가
요동을 친다

* 밀포드 사운드(Milford Sound) : 뉴질랜드 남섬에 위치한 도시.

그냥 바라만 보세요

한반도 면적의 33배 크기
거대한 땅덩어리가 뿌리내렸다지요
바람에 실려 온
소문의 소문을 듣고
시드니엘 갔지요
바다와 사막이 공존하는 곳
코알라와 캥거루가
고단한 그림자 끌고 있는
낮은 관목 숲 끝없이 이어지는 들판 지나
허무를 키질하고 있는 바다를 만났지요
블루마운틴 풍경 흔들리고
오페라하우스 저녁노을 들이키며
하버 브릿지 비친 달은 하늘 높이 걸려 있었지요
그날따라
오만을 탈출시키고
버거운 업보 수면 위로 던지고
슬그머니 아집의 가루마저 잔물결 사이로 떨어뜨렸
지요

어둠 뚫고
밤별 웃음 짓고
달빛 손짓하는 것을 보았다지요
살아 숨 쉬는 것만도
행복하더군요

그 이유는 아무도 모르지요

신화의 나라

에게해 끼고
신화의
씨 뿌리고 거둔
문화의 발생지
수많은 신전, 신전들이 질주한다
역사의 나라
올림픽의 나라
선박의 나라
낮잠의 나라는
낮은 숨결로 침묵하고 있다
역사는 이방인 차별하지 않고
그윽한 정취로 반기는 파르테논 신전
신화는 마르지 않는 샘물처럼
수천 년 고요로 살아 있고
지금도 살아가고 있다
예술이 아닌 것 없는 최고의 걸작품
그리스 건축 양식은
참담한 눈빛으로 즐비하고

아테네 숨은 매력 요동하는
회색빛 발자국, 발자국들이
웅장하고 화려하게 살아 꿈틀거린다
하늘엔 신화
땅엔 보물
바다는 평화, 그곳은
신화와 신전에 얽힌
수많은 이야기를 매순간 길어 올린다
신화는 그곳이 고향이란다

* 아테네의 파르테논 신전은 세계문화유산 1호이다. 파르테논 신전이란 아테네의 수호신을 모신 여신당이다.

수니온 곶 가는 길

神들이 사는 세상이 있다

올리브 나무 농장 지나
마르지 않는 신화가
쫑긋 귀 세우고
세파의 시달림 떨쳐 버린
에게해 연안 깊숙이
떠돌아다니는 바람 이마를 식히고 있다
세월의 리듬 수런거린
깎아지른 절벽 위에
용설란 꽃 피워
사라진 시간 길어 올리고
회색빛 기둥 곁에 그리스 신화 곰삭아
神들이 해상으로 질주 한다
태양 듬뿍 받은
포세이돈 신전 앞
출렁이는 바다 풍경과
달빛에 침식해 가는 신화는

파도가 키워냈을까
神의 숨결 번져가는 꿈의 해안가
가는 계절
오는 계절 공존하며 영원히 발목 붙잡고 있다

해와 달이 웃는 소리
천여 년 세월 훌쩍 뛰어 넘었다

* 올리브나무 : 그리스의 대표적인 나무로 성경에서는 평화 · 승리 · 자유 · 희망을 상징한다.

* 수니온 곶(cape sounion) : 그리스 아테네에서 50㎞ 남동쪽에 위치한 도시.

* 용설란(龍舌蘭) : 꽃대의 길이는 5~6m에 이르며 꽃은 100년 만에 핀다고 전해지는 진귀한 세기식물(世紀植物)이다. 용설란이란 이름은 잎의 모양이 용의 혀를 닮았다고 해서 붙여졌다.

이집트를 가다

사막의 나라에서
떠돌아다니는 햇살과 미풍 꾀어
전신을 허무로 휘감아 놓았다
기록문화 · 돌 문화 공존하는 곳
생명의 에너지 분출하며
아우성이다
저승과 이승 오고가는
시선들이 숨죽이고 있는
태양이 현기증 일으켜 겁탈하려든다
자연 속에서
창조주의 신비 만나
역동적인 바람
도발적으로 분다
다시 만날 수 없을 것 같은
찰나의 허망한 눈 맞춤 있어
피라미드 · 스핑크스 전설 침묵으로 서성이고
몇 천 년 정적으로 보존된
꿈틀거리는 원초적 미학 한 조가

끄집어내어 도마질 한다
회색빛 사색은 나를 이끌고

* 피라미드 · 스핑크스 : 이집트 수도 카이로에 있는 세계 7대 불가사의 중 하나인 고대문화 유적.

이스탄불 풍경

더듬이를 달고
어둠으로 질주하는 노을 키워
수위를 조절하고 있다
유럽과 아시아로 나뉘는 거대한 도시
중세와 근세를 지배하던
오스만제국 실체가 흑해 어귀에서 손잡았다
보스포루스해협 오고가는 거대한 통근 유람선은
그 땅의 내력을 알지 못한다
바닷바람 뺨 스치는 순간
터키 역사는 돌아서서 수줍어 울고 있다
땅의 숨결
파도의 목소리는
수백 년 뒤 서 있을 기록들로 하품하고
숨은 매력 역추적 한
성소피아 대성당 · 술탄아흐메트사원은
역사를 기억하고 있다지
밤하늘 별빛이 웃고
별빛을 타고 바람도 웃고

달빛에 취해 나도 웃고 있다
찬란한 제국 자취 감추고
열흘 여행 내려놓는 데
한 달 걸렸다

멈추지 않는 풍경소리

거대한 봉우리 우뚝우뚝 솟구쳐 손짓하는
한쪽은 산이요
한쪽은 인공호수다
할미꽃 같은 아낙네들이
찬란한 색깔로 무장한 의상 걸치고
줄지어 흘러가는 장가계
산릉은 꿈틀거리며
지친 일상 와락 끌어안는다

몰려드는 햇살 웅성웅성
흘리고 떠난 자리
등이 시린 일 위안 쪼그리고
피었다 지고
열리다 닫힌 목소리 장승처럼 앉아 있다

가슴을 채 열지 못한
조선족 아픈 기억 실타래 풀어
추억 못질하는 사람들

어슬렁어슬렁 망각을 쏟아 붓고 있다

산과 호수 입맞춤하는
숲 속으로 비집고 들어서면
어두운 풍경소리 가슴 비우고
바람을 섬기고
잔잔한 호수 포옹하는 마음
장가계 · 원가계 편안히 주저앉아
초록빛 뚝뚝 떨어지며
뽐내는 걸
어떻게

* 위안 : 중국의 화폐 단위.

상하이 푸둥의 기적

땅거미 지는
황푸강변에
상하이 기적 둥지 틀고
빨랫줄에 널려진 저녁 햇살
시원하게 뚫린 도로를 따라
행진한다
어디선가
바람에 팔랑거리는 녹음
서구식 건축물 사이를 즐비하게 걷고
인파의 물결은
한 장의 음반에서 나오는 노래로 흩어져
노을 밟고 지나간다
팽팽한 페달 밟은
푸둥 국제공항까지 자기부상열차는
자본주의 속에 잠든 기적 훔쳐
무한한 벽 깨뜨렸다
한강의 기적도 몰래 껴안고 달린다
오늘은 가고

내일을 위한 밤바람 일렁거리고 있는
상하이 정물 앞에서
유년의 추억을 만지작거리며 서성인다

* 푸둥 : 상하이를 가로지르는 황푸강의 동쪽 저습지.

북유럽, 역사의 그늘 속으로

떠날 수도
머물 수도 없는 마음 안고
아름다운 길을 떠난다
아무도 기다려주지 않는
아무도 반겨주지 않는
길 위에서
길을 떠났다. 학창 시절
마음 한 결 가득 채워 둔 수채화 같은, 그곳

바이킹시대 지나 기독교시대 미소 흘러나오는
좀처럼 해가 지지 않는 도시
일어나고 쓰러지는 형상 없어도
구름 · 바람 · 호수의 길, 끝이 없는
어디를 가나 푸른 잔디 풍성한 곳
바람은 달리기를 하고 있다

추억은 따가운 햇살 아래 오버랩 되며
내 머리 속 각인되는 순간

자잘한 역사 읽는
五十而知天命
쉼표 하나 찍는다
덴마크 · 노르웨이 · 스웨덴 · 핀란드 · 러시아로
발길 옮길 때마다
참깨꽃처럼 터트려 놓은 일상 내려놓고
길을 떠난다

윙윙
그리운 마음 꼬리 흔들어
핸드폰 통화음성 접속 중이다

바로 그 자리에

내 어린 유년 시절로 거슬러 올라가면
'소련' 이란 단어를 처음 만난 교과서 앞에서
약한 듯 하면서 강하게 들리는 떨림
사회주의 체제 물결 출렁거렸다
아직도 먼 기억 속
시계추가 바삐 흔들리고
잃어버린 소녀의 모습을 만난다
실자라인 타고 발트해 지나 핀란드 거쳐
'러시아' 로 발길 돌리는 순간
황금빛 밀밭 사이로 젖은 길이 열린다

눈과 귀를 열고
白夜 보러 왔다가
마음은 저절로 나무가 되고
생각은 호수같이 잔잔한 물이 되어
톡, 톡, 해체된 시선을 던진다

페테르부르크의 겨울 궁전, 여름 궁전 바람은
천년 노송 가지에서 놀다가 서둘러

풍경 휘몰아 질주하고
붉은 광장 거리에서
知天命 나이 촬영하고 있다
대문호 레오 톨스토이 생각하고
아르바뜨 거리에서 푸시킨 삶을 만나
예술도 문학도 놀이만큼 친밀한 러시아 여행은
버리기 위해 온 것 아니라
얻기 위해 왔다, 그 자리에 내가
텅 빈 마음으로 앉아 있다
'소련' 은 '러시아' 로 국명 바뀌어도
바람은 순한 대지 잉태하며
모스크바 공항 활주로를 분주히 배회하고
출발 지연된 모스크바 공항대기실
낯선 풍경들이 한숨 쉬며 장승처럼 서 있고
SU 599 탑승 기다리고 있는 여행객 틈 사이로
살랑살랑 추억은 길을 떠난다

* Silja Line : 발트해를 운항하는 초호화 유람선으로 배의 무게는 65,000톤.

바이킹의 나라

강철처럼 녹슨 세월 내버리고
산악열차 협곡 사이로
역사 속에서만 만났던 도시에서
무지갯빛 물살은
날 유혹하려든다
들꽃은 눈으로
향기는 코끝 스치는 바람으로
바람 소리는 귀로 듣는 순간
버리고 떠난다는 것
버리며 살아간다는 것은 행복하다

하얀 빙하 코발트빛 바다
神은 이 땅 위에 축복 내렸다지
저 장엄한 침묵의 소리
내면의 울림으로
깨어 있는 사람만이 들을 수 있는 속삭임이다
열린 길마다 감탄사 연발이다
그림 같은 마을 옹기종기 줄지어 모여 사는

산 중턱 나무숲 사이 지나
서남쪽 해안 길 브릭스달에서 트롤 타고
거대한 빙하로 다가갈수록
살아오며 쌓이고 쌓인 부질없는 것들
미처 삭이지 못한 감정
내 안에 피요르드가 되어 함께 동행한다
날씬한 가로수 줄지어 행렬하는
피요르드 풍경에 노을이 아주 짙다
여기, 노르웨이 햇살 뚝뚝 떨어지는 순간
얄밉도록 북유럽 여행의 하이라이트

* 노르웨이 : 세계지도에서 가장 북쪽에 위치한 나라로 러시아, 핀란드, 스웨덴과 국경을 접하고 있으며, 2만㎞가 넘는 해안선과 남단에서 북단까지 일직선으로 1,750㎞나 되는 피요르드가 있다. 가장 길고 깊은 송네피요르드와 웅장한 폭포가 있는 에이랑에르피요르드는 노르웨이에서 가장 인기가 있는 피요르드다.

* 수십 만 년 얼음이 빚어낸 204㎞의 협곡 브릭스달 빙하는 萬年雪이 萬年氷을 이룬 곳이다. 이곳을 가는 길은 산허리를 뚫은 24.5㎞의 레드다 터널을 통과하여야 한다. 이 터널은 졸음 방지를 위해 야광터널로 만들어졌으며, 7㎞마다 야광등이 번쩍번쩍 빛나 교통사고를 미리 예방하며, 공사기간은 6년이 소요되었다.

■ 해설

심미적 풍경에서 길어올린 생의 근원적 이치

박복금의 시세계

유성호

(문학평론가 · 한국교원대 교수)

1. 현실과 꿈의 접점

사실 모든 서정시는 현실과 꿈 사이에서 착상되고 완성된다. 이성의 통제에 의해 파악되는 현실이나 감정 과잉에 의해 감싸여 있는 꿈이 한쪽으로 치우칠 때,

그것은 인간의 복합적 인식과 정서를 불구적이고 단면적으로 반영한 것일 수밖에 없다. 그래서 좋은 서정시는 우리의 복잡한 현실을 순간적으로 드러내면서도, 그것을 치유할 수 있는 꿈의 세계를 상상적으로 마련하여, 현실과 꿈의 접점을 풍요롭게 언표한다. 그 '꿈'이야말로 우리들 삶 곳곳에 배어 있는 폐허의 기운을 치유하고 새로운 상상력을 추구하게 하는 형질이 되어주는 것이다. 이는 전통적 서정의 원리인 '회감(回感)'의 상상력을 견지하면서 동시에 우리가 나아가야 할 새로운 삶의 태도를 암시하는 서정시의 본래적 기능이기도 하다.

박복금(朴福金) 시인의 두 번째 시집 『풍경에 손목 이끌려 가다』(모아드림, 2007)는, 이러한 서정시의 본래적 기능에 충실하면서 우리로 하여금 생의 근원적 이치를 유추하게끔 하고 있는 웅숭깊은 시적 고백록이다. 가령 그것은 그의 첫 시집 『초당골 바람의 말』(시문학사, 2003) 이후 4년여 동안 시간과 공간의 심층을 활달하게 가로지르면서 넓은 시적 편폭을 보이고 있다. 그래서 우리는 "생명적이고 식물성인 푸른 언어를 사용하며 친밀하게 상처를 치유하려는 따뜻한 감성과 모성"(엄창섭, 「상상력의 확장과 행복의 시학」, 『초당골 바람의 말』)을 보여주었던 시인의 품이 더욱 심원하고 보편적인 세계로 나아간 시적 진경(進境)을 바라보게 된다. 그 점에서 우리는 『풍경에 손목 이끌려 가다』를 통해, 현실과 꿈의 접점을 풍요롭게 경험하게 되고, 나아가 심미적 풍경에서 시인이 길어올린 생의 근원적 이치를 듣게 되는 것이다.

2. 다양한 심미적 풍경의 응시와 발견

한 편의 서정시에서 대상에 대한 심미적 관조는 시인의 주관을 배제한 채, 대상이 갖고 있는 고유한 즉물성을 그리는 풍경화의 양상을 불러온다. 이를 두고 우리는 '묘사(描寫)'라는 명명을 내려왔다. 하지만 '묘사'가 시인의 주관을 배제하는 외관을 띠고 있는 것은 분명하지만, 시인의 강력한 해석에서 묘사의 각도가 정해진다는 뜻에서, 그것은 삶의 고유한 원리를 재현해내는 상상력과 깊이 연관된다. 서정시에서 풍경을 바라보는 것의 의미가 중요한 까닭이 여기에 있다. 가령 시집 첫머리에 실린 다음 작품은 그러한 속성을 잘 드러내고 있다.

살 속 파고드는 봄바람
초록 빛깔 말아들고
찰랑이는 강물 물끄러미 내려다보다가
흙 밀어 올리는 풀잎의 재잘거림
얄미운 풍경으로 유혹하다
낭만적 몽상에 홍 돋우는 물결
추억 하나 강가로 유인할 때
사월 초파일 밤
강 어구 매달린 燈籠 수천 개
보름달 뜬 듯 황홀하다
소망으로 싹터서
자비로 끝나는 수행
강변길은
옅은 미소로 가득하다

부딪치고, 깨지고, 상처받아
곡선 그리며 멀리 떠내려가는 조급증
강물은 말이 없다

이른 봄
늦은 여름 쏜살같이 지나고
강가로 밀어낸 낙엽 구르는 소리
찰나를 기록하는 순간마다

산사는 아름답고
강물은 너그럽다

—「강물은 너그럽다」 전문

시인은 봄바람과 초록 빛깔이 빚어내는 봄 풍경에 매혹되어 있다. 또한 강물을 물끄러미 바라보면서 "흙 밀어 올리는 풀잎의 재잘거림"을 듣고 있다. 이러한 "낭만적 몽상"에 젖어 시인은 "추억 하나"를 건져올리고 있다. "사월 초파일 밤/강 어구 매달린 燈籠 수천 개"를 바라보며 그것들이 "소망으로 싹터서/자비로 끝나는 수행"으로 이어지길 기원하면서 말이다. 그 '추억'이란, "부딪치고, 깨지고, 상처받아/곡선 그리며 멀리 떠내려가는" 생에 대한 어떤 것일 터이다.

말없이 흐르는 강물 곁에서 "찰나를 기록하는 순간" 시인은 "산사는 아름답고/강물은 너그럽다"고 함으로써 여전히 변함없이 자신을 에워싸고 있는 자연 사물들의 심미적 풍경을 제시한다. 이를 통해 "산 그림자 비켜 앉아/타오르는 꽃잎 기다리다/어둠 속 아득히 걸어가는/풍경 한 장"(「봄산에서 신들린 바람 만나다」)을 찾아나서면서 그는 생의 변함없는 이치가 깃들인 "꿈을 짓고"(「떠나라, 길 잃은 만큼」) 있는 것이다. 이처럼 풍경을 통해 삶의 이치를 발견하는 장면은, "능선마다/햇살 딛고 간 자리/연둣빛 비명소리"(「길」)를 듣고 있는 시인의 모습에서도 발견된다.

> 산여울
> 작은 도랑물
> 흘러내리는 나직한 물소리
> 고요 속 맑은 빛 숨어 있다
> 네 목소리
> 내 목소리 소리 없이
> 삶의 여울목까지
>
> 한 번도 가본 적 없는
> 그 길
> 천년의
> 울부짖는 소리로 길 떠난다
>
> 비켜설 수 없는
> 강줄기 따라서
>
> —「물빛 소리」 전문

"산여울/작은 도랑물/흘러내리는 나직한 물소리"를

고요 속에서 듣고 있는 시인은, 그 안에서 "맑은 빛"을 바라본다. 또한 "네 목소리/내 목소리 소리 없이/삶의 여울목까지" 차올라오는 자연 사물의 너그러운 음향을 지속적으로 듣고 있다. "한 번도 가본 적 없는/그 길"에서 "천년의/울부짖는 소리"를 들으면서 길을 다시 떠나는 시인은 "비켜설 수 없는/강줄기 따라서" 고요하고 아름다운 '물빛 소리'를 듣고 있는 것이다. 이는 마치 "봄 햇살 떠밀고 나온 실핏줄"(「조약돌」) 속에서 "초록 바람 사이로/혈관 속 고통 떨치고 일어서는/따스따스한 빛"(「어느 날인가」)을 바라보는 시선과 고스란히 겹쳐진다.

이처럼 시인은 우리를 둘러싸고 있는 다양한 심미적 풍경 속에서 생의 근원적 이치를 응시하고 다시 길을 떠난다. 시각과 청각이 어우러지는 관조의 미학이 그 결과라 할 것이다. '물빛 소리'는 바로 그 시각과 청각이 어우러진 상징적인 표현이 아니겠는가.

3. 희망과 사랑의 시학

또한 『풍경에 손목 이끌려 가다』에서 우리가 발견할

수 있는 점 가운데 하나는, 삶의 구체성에 대한 관심의 확장이다. 하지만 그는 결코 목소리를 높여 사회적 현실을 질타하거나 자신의 생각을 틈입시키지 않는다. 다만 '낮은 목소리'를 통해 삶에 비상한 활력을 부여하고 있을 뿐이다. 따라서 그의 시는 풍경을 통한 생의 근원적 이치 탐구에서 발원하여, 낮은 목소리를 통해 동시대의 타자들에 대한 관심으로 전이되는 데서 완성되고 있다.

한때
작은 驛舍 덩그러니 서 있던 해변가
폐광촌 마을 새벽은
절망에서 길어올린 희망 하나
싱싱한 생명력 뿜어내고
바다는 매순간
낯선 손님을 맞이한다

세상 雜事 고삐 풀고
찢어진 언어
뚝 떼내어
갈증 해소하고
해풍에 등 시려 고개 돌린

윤기 잃은 해송 한 그루
환상 속 신드롬에
허탈한 마음 풀어놓아
허전하다

철길 옆 뿌연 산안개
어디론가 떠날 길손 세월 헤며
광기 부리고
새벽길 조용히 접어둔
정동진 해장국집
풍경 정겹다

—「어촌 마을에서 희망을 묻는다」 전문

시인은 "한때/작은 驛舍 덩그러니 서 있던 해변가/폐광촌 마을"을 바라보고 있다. 거기는 한때 왕성했던 삶의 흔적들이 지금도 깊이 새겨져 있다. 그 마을에 찾아온 새벽은 어김없이 "절망에서 길어올린 희망 하나"를 통해 생명력을 뿜어내고 있다. "해풍에 등 시려 고개 돌린/윤기 잃은 해송 한 그루"는 비록 생의 공허를 드러내는 상관물이지만, 시인은 그 폐허의 현장에서도 "새벽길 조용히 접어둔/정동진 해장국집/풍경"을 정겹게 기억하고 있다. 이처럼 "기억 저편 눈물 젖은 시간

뿐"(「잠자는 간이역」)일지라도 거기서 반드시 '희망'을 건져올리고 있는 시인은, 우리 시대의 근원적인 희망을 묻고 있는 것이다.

시집 곳곳에서 통일 문제라든가 사회적 현실에 대한 발언을 극대화하면서 시인은 "저린 가슴 움켜지고 걸어온 통증"(「길이 막혀」)을 증언하고 있다. 하지만, 이미 강조하였듯이, 그것은 분노나 질타가 아니라 '희망' 하나를 건져올리는 낮은 목소리에 의해 구현되고 있다. 이러한 '희망'이 다소 원형적으로 투사(投射)된 것이 바로 '사랑'의 시학이라 할 것인데, 이번 시집에서 시인은 가없는 '사랑'의 노래를 여러 편 들려주고 있다. 이는 자신이 살아오면서 맺은 숱한 인연들에 대한 온몸의 헌사(獻辭)가 아닐 수 없다.

천둥 번개
휘몰아치는 불안 엄습해 와도
사랑하는 이를 위하여
온몸으로 마음 아파본 사람만이
기다릴 줄도
견디어낼 줄도 안다

사람이 사람의 마음을

안다는 것
마음 비우고 울어본 사람만이
사랑할 줄도
사랑을 아낌없이
내어주는 방법도 안다

고통 밀려온 날
높지도 낮지도 않은 사랑은
고요 속에
아름다운 세상을
바라볼 줄도 안다

—「멈추지 않는 사랑」 전문

그의 사랑은 "천둥 번개/휘몰아치는 불안" 속에서도 사랑하는 이를 위하여 기다리고 견뎌내는 것으로 요약된다. 마치 "온몸으로 마음 아파본 사람만"의 특권인 양, 그 기다림과 견딤은 특유의 내성(耐性)으로 "사람이 사람의 마음을/안다는 것"을 증언한다. 가령 "마음 비우고 울어본 사람만이/사랑할 줄도" 알고 "높지도 낮지도 않은 사랑"만이 아름다운 세상을 바라볼 줄 안다고 시인은 노래한다. 이처럼 시인의 사랑은, "허물까지 주고받은 자리"(「인연」)를 적시면서 "넘치지도/모자라지도 않는 사랑"(「그리운 사람 만나고 가는 바람같이」)을 그려내고 있는 것이다.

일찍이 프롬(E. Fromm)은 '사랑'은 빠지는 것이 아니라 참여하는 것이라고 갈파하였다. '사랑'이 수동적 정동(passive affect)이 아니라 능동적 활동(active activity)임을 강조한 것이다. 하지만 박복금 시편의 '사랑'은, 능동성보다는 헌신의 의미를 강조하고 있다는 점에서 일종의 종교적 모티프를 닮았다고 할 것이다.

4. 시간과 공간의 여로

근본적으로 서정시는 시간에 대한 체험의 형식으로 씌어진다. 그것이 설사 미래적 전망을 형상화한 것이거나 시간 자체를 초월하는 영원성에 관한 것이라 하더라도, 그것은 시간 자체에 대한 판단일 수밖에 없다. 그만큼 서정시는 시간 경험과 기억의 재구성이라는 양식적 특성을 지니는데, 이처럼 서정시와 시간은 불가피한 짝이고 분리불가능한 서로의 원질(原質)이 된다.

박복금 시인은 이번 시집의 많은 부분을 시간의 여로(旅路)에 할애하고 있다. 시인은 국토 곳곳의 사찰을

순례한다든가 변산, 소쇄원, 고인돌 공원, 공룡화석지, 금강산, 승부역, 정동진 등 헤아릴 수 없는 자연 풍경들을 찾아나서면서, 거기 웅크리고 있는 시간의 질서를 발견해낸다. 예컨대 "빛이/빛을 잃어버리고/소리가/소리를 잃어버린 역사"(「문경새재」)를 응시하기도 하고 "아름다운 추억은/무죄"(「변산반도」)라면서 "끝내 놓지도/말하지도 못한/흔들리지 않는 여운"(「달빛이 좋아서」)을 채집하기도 한다.

우주의 섭리 따라 움직이는
아름다운 여정

어디서 와서 어디로 가는가
중첩된 산 너머 산사
풍성한 믿음 끝없을 듯하다
일상의 무거움과 가벼움 참을 수 있다면
聖과 俗 둘이 아님 알리는
不二門 지나
고뇌 씻어주는 능파교 건너는 길
피안으로 가는 길목이다
십 바라밀 우뚝 서 천천히 움직이는 율동
시작도 끝도 없는 번뇌의 길이다

치열한 삶 이고 지고
마음 들끓다가
부처님 진신치아사리 친견하는 순간
세속 멍에 뭉클 경련 일으킨다. 노을 등지고
피 흘리는 어두운 심연
세상 무게 털어 비우고
반가움 배가되는 일상이다
무뎌진 마음 성찰하고
메마른 마음 무던히 물리쳤다

견딜 만한 고통
밀어 내고

—「바라밀 앞에서」 전문

원래 '바라밀(波羅蜜, paramita)'은, 이승의 번뇌에서 벗어나 열반에 도달하려는 수행의 한 단계를 뜻한다. 부처가 되고자 하는 이라면 누구나 완전하게 이루어야 하는 덕목이기도 하다. 시인은 "우주의 섭리 따라 움직이는/아름다운 여정"을 수행하면서 우리의 삶이 어디서 와서 어디로 가는가를 묻고 있다. "聖과 俗 둘이 아님 알리는/不二門"을 지나면서 피안으로 가는 길목에 들어서고 있는 시인은, "시작도 끝도 없는 번뇌의 길"

에서 마음 들끓다가 "무뎌진 마음 성찰하고/메마른 마음"을 물리친다. 결국 견딜 만한 고통을 밀어내고 자신의 자리로 돌아온 것이다.

이는 자신의 고통 속에 각인된 오랜 시간을 응시하면서 그것을 새로운 시간 앞에서 정화(淨化)하려는 시적 욕망이 착색된 것이다. 원래 기독교적 감각을 견지하고 있던 시인으로서는 생의 근원적 이치를 불가적(佛家的) 사유 방식으로 개척하는 열린 태도를 적극 보여준 것이다. 그것이 "아주 슬프지도/아주 기쁘지도 않는 일상 접어들고/떠난 자리/깨달음의 극치"(「생명의 소리」)로 이어지게 한 것이다. 결국 시인은 "어둠의 벽 밀고/채찍으로 지나간 歷史"(「가슴이 먼저 알고 설렌다」)를 바라보고 "바람 소리 만나면/큰 풍경"(「紙佛像 앞에서」)을 응시하면서 한 시절을 건너고 있는 것이다.

그런가 하면 박복금 시인은 시 안쪽으로 허난설헌이나 최치원 같은 인물들이나 오페라, 뮤지컬 같은 예술 양식들을 불러들이기도 한다. 거기서 시인은 "거부할 수 없는 비극적 운명"(「오페라의 유령」)을 발견하고 "새로운 시작 속에서/다른 누군가를 그리워하며"(「영혼의 쉼터에서」) 살아가는 이들의 모습을 간취한다. 또한 그의 상상력은 국경과 역사를 역동적으로 가로지른다. 가령 킬링필드 대학살 현장이라든가 앙코르와트의 역사와 문화, 하롱베이의 풍경, 베트남 혁명가 호치민의 삽화, 그랜드 캐년, 이집트, 상하이, 북유럽, 러시아, 터키 등등을 답파하면서 시인은 생의 근원적 이치를 탐문한다.

에게해 끼고
신화의
씨 뿌리고 거둔
문화의 발생지
수많은 신전, 신전들이 질주한다
역사의 나라
올림픽의 나라
선박의 나라
낮잠의 나라는
낮은 숨결로 침묵하고 있다
역사는 이방인 차별하지 않고
그윽한 정취로 반기는 파르테논 신전
신화는 마르지 않는 샘물처럼
수천 년 고요로 살아 있고
지금도 살아가고 있다
예술이 아닌 것 없는 최고의 걸작품

그리스 건축 양식은
참담한 눈빛으로 즐비하고
아테네 숨은 매력 요동하는
회색빛 발자국, 발자국들이
웅장하고 화려하게 살아 꿈틀거린다
하늘엔 신화
땅엔 보물
바다는 평화, 그곳은
신화와 신전에 얽힌
수많은 이야기를 매순간 길어올린다
신화는 그곳이 고향이란다

—「신화의 나라」 전문

아테네의 파르테논 신전 앞에서 '신화(神話)'에 대하여 사유하고 있는 시인은, "신화의/씨 뿌리고 거둔/문화의 발생지"를 발견한다. 그 수많은 신전의 상상적 질주를 통해, 시인은 낮은 숨결로 침묵하고 있는 오랜 시간의 신화를 경험한다. 그 신화는 "마르지 않는 샘물처럼" 수천 년 고요로 살아 지금도 남아 있지 않은가. 그 신화의 깊이에 매혹되어 "아테네 숨은 매력 요동하는/회색빛 발자국"을 시로 수습해내면서 "하늘엔 신화/땅엔 보물/바다는 평화"라는 구도(構圖)를 그려 보이고 있다. 그 '신화의 나라'는 "수많은 이야기를 매순간 길어"올리고 있는데, 이처럼 시인은 "자연 속에서/창조주의 신비"(「이집트를 가다」)를 경험하고 있는 것이다.

결국 시인은 '여행'이라는 공간 이동의 형식을 통해, 시간의 깊이를 발견하는 작법(作法)을 수행하고 있다. 그럼으로써 낯선 자아와 마주치고, 동시에 가장 근원적이고 보편적인 생의 이법에 눈을 뜨게 되는 과정을 아름답게 보여주고 있는 것이다.

5. '시'에 대한 치열한 자의식

박복금 시인은 이번 시집을 통해 다양한 생의 풍경을 길어올리고 있다. 풍경과 소리의 채집과 재현, 희망과 사랑의 시학, 시간과 공간의 탐침과 표현 등이 그것들의 구체적 세목(細目)이다. 실로 다양한 풍광을 시적으로 수습하고 표현한 것이다.

또한 시인은 '시(詩)'에 대한 자의식, 곧 궁극적 자아탐구로 남을 수밖에 없고 심미적 축약을 욕망할 수밖에 없는 '시'에 대해 적극적으로 사유하는 의식을 보여준다. 시는 '말' 자체에 대한 탐색에 그 무게중심을 현저하게 할애하는 예술 양식이다. 그 점에서 시는 영락없는 '언어(에 대한) 예술'이다. 여기서 시인은 언어적 자의식으로 충만한 사람이라는 자기 규정성을 뛰어넘어, 언어를 찾아 헤매고 궁극에는 사물들 속에서 언어를 발견하고 경험하려고 하는 존재로 바뀌게 된다. 다시 말하면 언어의 도구적 기능을 넘어서 언어 자체에 대한 메타적 탐색에 공을 들이는 이가 시인이라는 뜻이 된다. 박복금 시인의 생각도 거기에 가 닿고 있다.

한밤중에
문득
詩想 떠올라
조용히 아주 조용히
까치 발걸음 딛고
서재로 간다
일순간 마음 활짝 펼쳐 놓고

아침에 만난
그 모양새
검은 사색의 빛깔로
주변 낯설게 하고
단절의 빈 자리

투쟁이다
혹독한 노동의 대가이다

한 줄
시의 流産은
고통
또 다른
평화이다

—「시를 쓴다는 것은」 전문

시인은 한밤중에 문득 시상이 떠올라 그것이 깨질세라 "조용히 아주 조용히/까치 발걸음 딛고" 서재로 간다. 얼마나 조심스런 움직임인가. 하지만 시상이 곧바로 '시'로 이어지는 것은 아니다. "일순간 마음 활짝 펼쳐 놓고" 시를 쓰려 해도 한밤중에 건진 것은 "한 줄/시의 流産"일 뿐이지 않은가. 하지만 시인은 고통뿐일 것 같은 유산이 동시에 "또 다른/평화"라고 노래한다. 그것이 고통이자 평화일 수 있는 까닭은 "시를 쓴다는 것"이 시인의 양도할 수 없는 존재 방식이기 때문일 것이다. 그래서 시인은 언어를 찾아 헤매고 궁극에는 사물들 속에서 언어를 발견하고 경험하려는 존재임을 보여준 것이다. 그 시작(詩作) 행위를 통해 "노을/등/밀어

//하늘에/젖어//황혼 길//소멸과/無"(「비움」)를 배우고 있는 것이다.

이처럼 박복금 시인의 시편들은, 심미적 풍경들을 다양하게 시적으로 호명하면서, 궁극적이고 근원적인 생의 여러 이치를 유추하게끔 하고 있다. 그 점에서 그의 이번 시집은, 그의 시세계가 현실과 꿈의 접점에서 발원하여 더욱 깊고 활달한 세계로 나아가고 있음을 알려주는 유력한 표지(標識)가 되고 있는 것이다.

풍경에 손목 이끌려 가다

글쓴이 / 박복금
펴낸이 / 孫貞順
펴낸곳 / 모아드림

1판 1쇄 / 2007년 9월 5일

서울 서대문구 북아현3동 1-1278
전화 / 365-8111~2
팩시밀리 / 365-8110
E-mail / morebook@morebook.co.kr
http://www.morebook.co.kr
등록번호 / 제2-2264호(1996.10.24)

ISBN 978-89-5664-108-9

값 6,000원

박복금 시인은 이번 시집을 통해 다양한 생의 풍경을 길어올리고 있다. 풍경과 소리의 채집과 재현, 희망과 사랑의 시학, 시간과 공간의 탐침과 표현 등이 그것들의 구체적 세목(細目)이다. 실로 다양한 풍광을 시적으로 수습하고 표현한 것이다.

또한 시인은 '시(詩)'에 대한 자의식, 곧 궁극적 자아 탐구로 남을 수밖에 없고 심미적 축약을 욕망할 수밖에 없는 '시'에 대해 적극적으로 사유하는 의식을 보여준다. 시는 '말' 자체에 대한 탐색에 그 무게중심을 현저하게 할애하는 예술 양식이다. 그 점에서 시는 영락없는 '언어(에 대한) 예술'이다. 여기서 시인은 언어적 자의식으로 충만한 사람이라는 자기 규정성을 뛰어넘어, 언어를 찾아 헤매고 궁극에는 사물들 속에서 언어를 발견하고 경험하려고 하는 존재로 바뀌게 된다. 다시 말하면 언어의 도구적 기능을 넘어서 언어 자체에 대한 메타적 탐색에 공을 들이는 이가 시인이라는 뜻이 된다. 박복금 시인의 생각도 거기에 가 닿고 있다.

– 유성호(문학평론가, 한국교원대 교수)

값 6,000원 www.morebook.co.kr

ISBN 978-89-5664-108-9

9 788956 641089 03810